农产品质量安全
生产经营者学法懂法100问

农业农村部农产品质量安全中心 编

中国农业出版社
北　京

图书在版编目（CIP）数据

农产品质量安全：生产经营者学法懂法100问 ／ 农业农村部农产品质量安全中心编 . —北京：中国农业出版社，2023.9（2025.7重印）

ISBN 978-7-109-31278-4

Ⅰ．①农… Ⅱ．①农… Ⅲ．①农产品质量安全法–中国–问题解答 Ⅳ．①D922.45

中国国家版本馆CIP数据核字（2023）第202653号

中国农业出版社出版

地址：北京市朝阳区麦子店街18号楼

邮编：100125

策划编辑：王丽萍　　责任编辑：王陈路

版式设计：李向向　　责任校对：吴丽婷　　责任印制：王　宏

印刷：北京通州皇家印刷厂

版次：2023年9月第1版

印次：2025年7月北京第3次印刷

发行：新华书店北京发行所

开本：720mm×960mm　1/32

印张：4.75

字数：85千字

定价：30.00元

编委会

前　言

　　《中华人民共和国农产品质量安全法》（简称《农产品质量安全法》）已于2022年9月2日经第十三届全国人民代表大会常务委员会第三十六次会议修订通过，自2023年1月1日起施行。这是我国农产品质量安全领域的一件大事，《农产品质量安全法》为推动全面提升农产品质量安全治理能力，稳步提升绿色优质农产品供给能力，构建高水平监管、高质量发展格局提供了有力的法律保障，需要各方共同践行。农产品生产经营者是农产品质量安全的第一责任人，保障农产品质量安全最基础的就是要压实生产经营者的主体责任。《农产品质量安全法》明确农产品生产经营者应当对其生产经营的农产品质量安全负责，依照法律、法规和农产品质量安全标准从事生产经营活动，诚信自律，接受社会监督，承

担社会责任。为引导农产品生产经营者增强尊法、学法、守法、用法意识，农业农村部农产品质量安全中心组织编写了本书，主要内容包括产地环境、投入品使用、产品质量等方面，为农产品生产经营者学习法律知识提供帮助，引导促进提升农产品质量安全全程管控能力。

本书编写过程中，参考了《中华人民共和国农产品质量安全法释义》等文献资料，鉴于版面有限，编撰中引用的文献资料未逐一标注，请予谅解。本书在编写过程中得到了各相关单位和专家的大力支持，在此表示衷心感谢。如有疏漏之处，敬请批评指正。

目 录
CONTENTS

前言

第一章　认识农产品质量安全

第二章　产地环境篇

第三章　生产经营过程篇

第四章　产品质量篇

第五章　监督管理篇

第六章 优质化发展篇

第一章

认识农产品质量安全

01 什么是农产品？

　　农产品是指来源于种植业、林业、畜牧业和渔业等的初级产品，即在农业活动中获得的植物、动物、微生物及其产品。

　　这里所说的"农业活动"，不仅包括传统的种植、养殖、采摘、捕捞等农业活动，也包括设施农业、生物工程等现代农业活动。"植物、动物、微生物及其产品"包括在农业活动中直接获得的未经加工的以及经过分拣、去皮、剥壳、粉碎、清洗、切割、冷冻、打蜡、分级、包装等初加工，但没有改变其基本自然性状和化学性质的产品。

02 什么是农产品质量安全？

　　农产品质量安全，是指农产品质量达到农产品质量安全标准，符合保障人的健康、安全的要求。

　　农产品质量安全既关系到农业生产与农民收入，又关系到城乡居民的身体健康与生命安全。农产品质量安全强调农产品质量达到农产品质量安全标准，体现了农产品应当"达标"的要求。农产品生产经营者要学法、懂法，依照法律、法规和农产品质量安全标准从事生产经营活动，诚信自律，守护"舌尖上的安全"。

03 《农产品质量安全法》适用范围包括哪些？

与农产品质量安全有关的农产品生产经营及其监督管理活动，适用《农产品质量安全法》。

其中，农产品生产经营活动既包括农产品的生产、收购、储存、运输、销售，也包括产品营销、技术研发、人员管理等活动，各个环节相关主体都应该是农产品质量安全的践行者与守护者。《农产品质量安全法》不仅规定了农产品生产经营者应当遵守的具体要求，也明确了各级人民政府及有关部门的监督管理职责。通过压实各方农产品质量安全责任，构建科学严格的监督管理制度和协同高效的社会共治体系，将有利于强化各方农产品质量安全意识，让人民群众吃得更放心。

04 《农产品质量安全法》和《中华人民共和国食品安全法》如何衔接？

这两部法律在立法和法律修订过程中，坚持"各有侧重、互为补充"。在法律适用上应坚持两个原则：一是《中华人民共和国食品安全法》（简称《食品安全法》）已经作出规定的，应遵守《食品安全法》的相关规定；二是《食品安全法》没有规定、《农产品质量安全法》作出规定的，应按照《农产品质量安全法》规定执行。

《农产品质量安全法》对农产品的产地以及生产、储存、运输、销售等环节都作出要求，并明确规定《食品安全法》对食用农产品的市场销售、有关质量安全标准的制定、有关安全信息的公布和农业投入品已经作出规定的，应当遵守《食品安全法》的规定。在建立健全农产品质量安全全程监管协作机制上，《农产品质量安全法》与《食品安全法》分别从两端发力，赋予农业农村、市场监管等部门法定职责，并明确政府的领导、组织、协调职能，为推动农产品从田间到餐桌的全产业链全过程监管夯实基础。

05 如何认识农产品质量安全的基本原则？

　　《农产品质量安全法》明确实行源头治理、风险管理、全程控制的基本原则，对农产品的产地、生产、储存、运输、销售等都作出明确规定。

　　源头治理要求把好农产品质量安全的第一道关口。农产品质量安全，首先是"产"出来的。坚持源头治理，重点是管好产地环境和生产过程两个方面，涉及产地环境管理、农业投入品使用、标准化生产等重要内容。

风险管理体现"防患于未然"的思想。影响农产品质量安全的风险隐患因素多，要通过农产品质量安全风险监测、风险评估等措施，努力让有效监管跑在风险隐患前面，提高风险预判、科学决策和精准治理能力。

　　全程控制要求树立全过程管理的理念。农产品生产经营链条长、环节多、生产环境开放、影响因素复杂，各环节都会对农产品质量安全产生不同程度的影响。要保障农产品质量安全，就要强化农产品质量安全全链条监管。对此，《农产品质量安全法》不仅对产地环境、生产过程管控等作了规定，还完善了储存、运输环节的监管要求，明确了农产品批发市场、销售企业及食品生产者的相关义务，与《食品安全法》等有关法律相衔接，建立了全过程全链条的管控措施。

06 农产品质量安全风险隐患主要包括哪些？

　　农业生产是一个开放的系统。作为农产品生产经营者，要了解认识风险在哪里，主动防范风险。从风险评估工作开展来看，农产品质量安全风险隐患主要有以下几类。

　　（1）产地环境污染造成的质量安全问题，比如产地环境污染造成的铅、镉等重金属元素超标，氟化物以及持久性有机污染物残留风险等。

（2）农业种养过程中存在的风险，包括因为农业投入品不合理使用或非法使用，造成所生产的农产品常规农药、兽药残留超标，禁用药物检出和非法添加等。

（3）农产品"收、储、运"过程中存在的风险，比如储存过程中违规使用"三剂"、包装材料中有害化学物污染风险等。

（4）农产品自身的生长发育过程中产生的危害，比如花生被黄曲霉毒素侵染等。

（5）农业生产中新技术、新方式应用带来的新风险，比如设施农业连茬种植中的土壤消毒剂问题等。

什么是农产品质量安全标准？

《农产品质量安全法》规定，农产品质量安全标准是强制执行的标准，包括以下与农产品质量安全有关的要求：

（1）农业投入品质量要求、使用范围、用法、用量、安全间隔期和休药期规定；

（2）农产品产地环境、生产过程管控、储存、运输要求；

（3）农产品关键成分指标等要求；

（4）与屠宰畜禽有关的检验规程；

（5）其他与农产品质量安全有关的强制性要求。

《食品安全法》第二十六条规定的食用农产品相关的质量安全标准，也属于农产品质量安全标准范围。

农产品质量安全标准是评价农产品质量安全状况的科学基础，是规范农产品生产经营行为的基本准则，是依法监管农产品质量安全的重要依据。农产品生产经营者要按照标准严格规范生产经营行为，确保农产品合格上市。

承诺达标合格证制度是顺应新形势新要求、加强农产品质量安全工作的重要制度创新。一是更好落实生产者主体责任。确保农产品质量安全，最关键的是生产者切实落实主体责任，特别是在农产品生产过程中严格执行投入品使用等强制性规定，保证

销售的农产品符合国家质量安全强制性标准，这是生产者必须做到的底线要求。二是更好促进产地与市场有效衔接。农产品"从农田到餐桌"要经过诸多环节，确保流通中的农产品来源可溯、去向可追，是实现质量安全责任可究的前提条件。承诺达标合格证既包含农产品的质量安全信息，也包含生产者的具体信息，从事农产品购销的各类主体据此可说清所经营农产品的来源。三是增加一道质量安全防线。生产者和对农产品进行混装或分装后销售的收购者在每批次产品上市时开具承诺达标合格证，有利于把自警自律融入日常。从事农产品购销的各类主体建立收取、保存和查验承诺达标合格证的制度，

有利于对农产品生产者落实主体责任形成常态化的倒逼机制。根据承诺达标合格证上的相关信息，有关部门可以实施更有效、更精准的监管，社会各方面可以更方便地行使监督权力。这些自律、他律和国律的力量汇聚起来，是一道新的质量安全防线。

农产品生产企业、农民专业合作社应当执行法律、法规的规定和国家有关强制性标准，保证其销售的农产品符合农产品质量安全标准，并根据质量安全控制、检测结果等开具承诺达标合格证，承诺不使用禁用的农药、兽药及其他化合物且使用的常规农药、兽药残留不超标等。鼓励和支持农户销售农产品时开具承诺达标合格证。法律、行政法规对畜禽产品的质量安全合格证明有特别规定的，应当遵守其规定。从事农产品收购的单位或者个人应当按照规定收取、保存承诺达标合格证或者其他质量安全合格证明，对其收购的农产品进行混装或者分装后销售的，应当按照规定开具承诺达标合格证。农产品批发市场应当建立健全农产品承诺达标合格证查验等制度。县级以上人民政府农业农村主管部门应当做好承诺达标合格证有关工作的指导服务，加强日常监督检查。

农产品质量安全追溯，指对供应链上的农产品生产经营责任主体、生产过程、销售过程等农产品质量安全相关信息进行全程记录或数字化标识，从而能够追踪产品流向和支撑追溯风险源头的重要监管手段。追溯包括追踪和溯源两方面内容：追踪是指从供应链的上游至下游，跟踪特定农产品"从农田到餐桌"的轨迹路径的能力；溯源是指从供应链下游至上游，识别特定农产品来源的能力。农产品质量安全追溯主要包括以下三个核心要素。

（1）信息管理：包括信息采集、保存和衔接，可采取纸质或电子等不同形式。信息采集包括农产

品生产经营主体、产品、产地基础信息以及生产、收购、储存、流通、消费等环节与质量安全有关的内容。信息保存应当符合信息保存时限要求。信息衔接可以通过纸质记录和交易票据或者通过信息化追溯平台等方式，建立农产品供应链相关节点信息管理、传递和衔接关系，实现农产品供应链不同环节信息的环环相扣。

（2）编码标识：对农产品质量安全追溯过程中各相关单元进行编码管理，确保农产品质量安全追溯信息与产品的唯一对应，形成农产品从生产、收购、储存、流通到消费等全过程的数据链条，并以标识在农产品或者包装上进行标注。

（3）查询管理：通过编码标识查询农产品质量安全追溯信息。农产品质量安全追溯可以帮助生产经营者更好地展示农产品全程质量控制过程，也可帮助消费者更直观地了解农产品质量安全信息。

10 如何认识动植物检疫？

　　动植物检疫是指法定检疫机关（机构）根据国家检疫法律、法规，运用相应的技术、方法，对动植物及其产品的疫病、害虫、杂草等有害生物进行检疫检验和监督处理，以防止危害动植物的疫病、害虫、杂草传播蔓延，保障农业生产安全。

　　动植物疫病、害虫、杂草等不仅影响动植物本身健康，也影响农产品质量安全。加强动植物检疫，也是保障农产品质量安全的重要举措。我国已出台《中华人民共和国进出境动植物检疫法》及其实施条例、《中华人民共和国动物防疫法》和《植物检疫条例》，明确检疫相关规定。《农产品质量安全法》明确要求，依法需要实施检疫的动植物及其产品，应当附具检疫标志、检疫证明。

11 如何认识农产品质量安全信用体系？

　　诚信是社会发展的基石。农产品是百姓日常生活的必需品，农产品质量安全信用体系是社会信用体系建设的重要内容。

　　农产品质量安全信用监管主要是用农产品质量安全保障能力来衡量生产经营主体信用，并依据主体信用状况实施差异化的动态监管手段，实现对守信者"无事不扰"，对失信者"利剑高悬"，从而提升农产品质量安全监管效能和治理水平。农产品质量安全信用监管有利于落实农产品生产经营主体责任意识，有效规避农产品质量安全信息不对称，促进农产品质量安全信息的公开化、透明化，营造"守信得益、失信受制"的守信激励和失信惩戒环境。

12 如何认识农产品质量安全社会共治？

　　农产品质量安全与每一个人的身体健康和生命安全密切相关，保障农产品质量安全是全社会的共同责任。《农产品质量安全法》明确了构建协同、高效的社会共治体系要求，依法推动构建企业自治、行业自律、社会监督、政府监管等相结合的社会共治新机制。

　　《农产品质量安全法》在具体规定上体现了社会共治的原则：一是落实好生产经营者第一责任，把农户、农民专业合作社、农业生产企业、"收、储、运、管"各环节的各主体等全部纳入监管视野，明确农产品生产经营者应当对其生产经营的农产品质量安全负责，依照法律、法规和农产品质量安全标准从事生产经营活动，诚信自律，接受社会监督，承担社会责任；二是明确属地政府及其有关部门责任，建立健全农产品质量安全工作机制，推动提升乡镇监管能力，夯实农产品质量安全工作基础；三是强化农业技术推广机构的培训服务义务，规定农业技术推广机构应当加强对农产品生产经营者质量安全知识和技能的培训，为农户等农产品生产经营者提供农产品检测技术服务；四是发挥经济组织与行业协会的自律管理作用，明确农民专业合作社和农业行业协会等应当及时为其成员提供生产技术服务，建立农产品质量安全管理制度，健全农产品质量安全控制体系，加强自律管理；五是拓展公众参与农产品质量安全治理途径，包括发挥新闻媒体的公益宣传和舆论监督作用，规定农业农村主管部门应当建立农产品质量安全投诉举报制度，鼓励消费者协会和其他单位或者个人对农产品质量安全进行社会监督等；六是明确县级以上人民政府农业农村等部门应加强农产品质量安全信用体系建设，建立农产品生产经营者信用记录，推进农产品质量安全信用信息的应用和管理。

协同、高效的社会共治体系，有利于强化各方面的农产品质量安全意识，共同捍卫"舌尖上的安全"。作为农产品生产经营者，要全链条强化内部质量控制，全过程压实自我管理责任，从源头保障农产品质量安全。

第二章

产地环境篇

13 如何认识特定农产品禁止生产区域？

　　《农产品质量安全法》专门规定了特定农产品禁止生产区域制度，是指由于人为或者自然的原因，特定农产品产地中，有毒有害物质等超过产地安全相关标准，如果在这些区域种植某特定种类的农产品，就有可能导致所生产的农产品中有毒有害物质超过国家规定的安全限量标准。特定农产品禁止生产区域，是指在此区域内禁止生产特定种类农产品，"特定"二字说明了禁止生产区域并不是禁止所有农产品生产。特定农产品禁止生产区域由县级以上地方人民政府农业农村主管部门会同同级生态环境、自然资源等部门按照保障农产品质量安全的要求，

根据农产品品种特性和产地安全调查、监测、评价结果，依照土壤污染防治等法律、法规的规定提出划定特定农产品禁止生产区域的建议，报本级人民政府批准后实施。

14 为什么不能在特定农产品禁止生产区域进行生产？

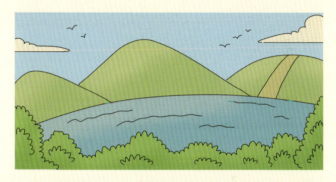

　　产地环境是安全优质农产品生产的基础条件。如果农产品产地中有毒有害物质过量，这些物质会被动植物在生长过程中吸收，在体内积累、富集，造成农产品中有毒有害物质残留超标，食用该农产品会对人体和动植物健康造成风险。不同种类、品种的动植物吸收、积累有害物质的能力差异很大。因此，不能在有毒有害物质等污染物超过产地安全相关标准的区域生产对该污染物吸收、富集能力强的农产品。《农产品质量安全法》明确规定，任何单位和个人不得在特定农产品禁止生产区域种植、养殖、捕捞、采集特定农产品和建立特定农产品生产基地。

15 对在特定农产品禁止生产区域种植、养殖、捕捞、采集特定农产品或者建立特定农产品生产基地的违法行为如何处罚？

《农产品质量安全法》第二十一条规定，任何单位和个人不得在特定农产品禁止生产区域种植、养殖、捕捞、采集特定农产品和建立特定农产品生产基地。针对这一要求，该法第六十六条规定，违反本法规定，在特定农产品禁止生产区域种植、养殖、捕捞、采集特定农产品或者建立特定农产品生产基地的，由县级以上地方人民政府农业农村主管部门责令停止违法行为，没收农产品和违法所得，并处违法所得一倍以上三倍以下罚款。

产地环境是安全优质农产品生产的基础条件。特定农产品禁止生产区域既要"划好"，更要"管好"，从源头保障安全、优质的农副产品生产和供给。

16 防止产地污染应该注意哪些方面？

　　防止产地环境污染需要从两方面入手：一是控制外源污染，包括工业"三废"（废水、废气、固体废物）和城乡垃圾等污染物对产地造成的污染；二是控制内源污染，包括农业生产过程不规范投入品使用引入的对产地的污染。

　　由于人类生产和生活过程中产生的废水、废气、固体废物等往往含有有毒有害物质，这些物质如果进入产地环境，会通过水、土壤和大气被动植物和微生物吸收，对农产品质量安全构成威胁，威胁食用者身体健康。近年来，我国已在环境保护方面制定了一系列法律、法规，例如：《中华人民共和国土壤污染防治法》《中华人民共和国水污染防治法》《中华人民共和国大气污染防治法》《中华人民共和国固体废物污染环境防治法》等，为防治有毒有害物质污染、维护生态安全提供了法律保障。因此，农业生产经营者可以用法律武器来防止外源污染对产地环境安全造成危害。

　　在农业生产自身污染控制方面，肥料、农药、兽药等投入品过量或不合理使用，以及种植、养殖过程中形成的废弃物（畜禽粪便、养殖废水等）随意排放或者不合理使用，会导致农产品产地环境和农产品污染问题。例如：在农药使用过程中，违规使用禁用农药、超范围超剂量使用农药、不遵守用药次数和安全间隔期规定等行为，不仅会导致农产品不合格，还可能导致农药在土壤、水体等环境中残留、富集，对鱼、蜂、鸟等产生直接或间接毒害，破坏生态平衡，造成产地环境污染；另外，大量、长期使用未腐熟的畜禽粪便会造成抗生素或有害微生物对环境和农产品的污染。因此，农产品生产经营者要科学合理使用农业投入品，严格按照国家有关规定回收并妥善处置包装物和废弃物，防止对农产品产地造成污染。

17 对向农产品产地违法排放有毒有害物质的行为如何处罚？

《农产品质量安全法》第二十二条规定，任何单位和个人不得违反有关环境保护法律、法规的规定向农产品产地排放或者倾倒废水、废气、固体废物或者其他有毒有害物质。针对这一要求，该法第六十六条规定了相应的法律责任：违反法律、法规规定，向农产品产地排放或者倾倒废水、废气、固体废物或者其他有毒有害物质的，依照有关环境保护法律、法规的规定处理、处罚；造成损害的，依法承担赔偿责任。

此处所指的环境保护相关法律、法规具体包括《中华人民共和国环境保护法》《中华人民共和国土壤污染防治法》《中华人民共和国海洋环境保护法》《中华人民共和国大气污染防治法》《中华人民共和国水污染防治法》《中华人民共和国固体废物污染环境防治法》《中华人民共和国放射性污染防治法》《中华人民共和国农业法》《中华人民共和国渔业法》《中华人民共和国畜牧法》以及《基本农田保护条例》《中华人民共和国水污染防治法实施细则》《环境行政处罚办法》《医疗废物管理条例》《建设项目环境保护管理条例》等。

18 如何推进农产品生产基地建设？

农产品生产基地，是指为了满足特定需求，人为确定或形成的、具有一定面积和产量规模的农产品生产区域。基地建设应以生产条件和生产过程标准化为重点，即按照高标准的生产要求，配套推行标准化生产技术和管理措施，实现农业标准化程度、农产品质量、农业生产效率和农业产业化程度共同提高。2022年9月，农业农村部印发《关于实施农产品"三品一标"四大行动的通知》，组织开展优质农产品生产基地建设行动，提出聚焦稳产保供和消费升级，推动各地以绿色、有机和地理标志农产品为重点，布局建设一批产地清洁、生产绿色、全程贯标、品质优良的优质农产品生产基地。重点打造四类基地：突出精品定位，打造绿色食品生产和原料基地；突出生态环保，打造有机农产品基地；突出特征品质，打造地理标志农产品核心基地；突出全程控制，打造绿色优质农产品生产基地。

第二章

生产经营过程篇

（1）不要在特定农产品禁止生产区域种植、养殖、捕捞、采集特定农产品和建立特定农产品生产基地，保护产地环境，妥善处置农业投入品包装物和废弃物，把住生产环境安全关。同时，要注意生产场所及生产活动中使用的设施、设备、消毒剂、洗涤剂等应当符合国家有关质量安全规定。

（2）学习了解禁（限）用农药、兽药清单，弄清楚哪些农药、兽药不准使用或者不准在哪些产品、

哪些环节使用。在正规门店购买农药、兽药，在购买农药、兽药的时候，要索取票证。

（3）农产品生产企业应当建立农产品质量安全管理制度，配备相应的技术人员；不具备配备条件的，应当委托具有专业技术知识的人员进行农产品质量安全指导。农产品生

产企业、农民专业合作社、农业社会化服务组织应当建立农产品生产记录。建立农产品生产记录，注意生产记录内容完整性，生产记录至少保存两年。

（4）不要超范围、超剂量使用农业投入品，禁止在农产品生产经营过程中使用国家禁止使用的农业投入品及其他有毒有害物质。农药、兽药要按照标签说明使用。农产品需要过了农药安全间隔期、兽药休药期再采摘、出栏、捕捞。

（5）通过正规渠道购买肥料，不要把垃圾、矿渣等作为肥料使用。通过正规渠道购买饲料、饲料添加剂，妥善保管饲料，防止霉变。

（6）销售的农产品应当符合农产品质量安全标准。农产品生产企业、农民专业合作社应当根据质量安全控制要求自行或者委托检测机构对农产品质量安全进行检测。经检测不符合农产品质量安全标准的农产品，要及时采取管控措施，不得销售。

（7）要求实施检疫的农产品，要附检疫标志、检疫证明。不能贪图便宜私自售卖病死或者不明原因死亡的畜禽、水产品。要求包装或附承诺达标合格证等标识的，须经包装或附标识后才能销售。

（8）妥善保管采收的农产品，防止腐败变质。避免农产品保鲜、包装、储运过程对农产品质量安全造成危害。储存、运输农产品的容器、工具和设备应当安全无害，不要将农产品与有毒有害物质一同储存、运输。

（9）要有维权意识。对于在监督抽查中被检测发现自己没有使用过的农药、兽药、其他化学物质，要考虑是否购买了"隐性添加"的投入品，妥善收集证据，向上游供应商进行索赔。

标准是农产品质量安全监管的重要执法依据，也是支撑和规范农产品生产经营的重要技术保障。标准化任务主要包括制定标准，组织实施标准以及对标准的制定、实施进行监督三个方面。标准化生产，就是要充分发挥标准引领作用，将标准要求落实到农业活动中，抓好生产组织管理标准化、种植养殖过程标准化、收获储运标准化、产品加工标准化，确保农产品质量安全符合标准要求。这是现代农业发展的重要内容，是保障农产品质量安全、增加绿色优质农产品供给的有效途径。

生产组织管理标准化

种植养殖过程标准化

产品加工标准化

收获储运标准化

21 农产品生产经营者需要关注哪些有关农产品质量安全标准的知识？

(1) 农产品生产经营者都必须执行农产品质量安全标准，要主动了解自己从事的种植、养殖等农产品生产经营活动涉及的农产品质量安全标准。

(2) 农产品质量安全标准可以在全国标准信息公共服务平台等网站免费查询。

(3) 国家鼓励社会团体、企业制定高于推荐性标准相关技术要求的团体标准、企业标准。国家鼓励食品生产企业制定严于食品安全国家标准或者地方标准的企业标准，在本企业适用。

22 农产品质量安全标准的内容会变化吗？

农产品质量安全标准是根据农业科研成果和农业生产发展实际形成的用以保障农产品质量安全的需要共同遵守的准则。随着农业产业发展、科研不断深入以及生活水平提升，标准内容和质量也要适应新的要求。《农产品质量安全法》明确规定，农产品质量安全标准应当根据科学技术发展水平以及农产品质量安全的需要，及时修订。

按照国际通行做法，标准一般三至五年就应该进行复审。对于技术发展较快或者市场变化较快的领域，标准复审时间甚至不到两年。需要指出的是，标准复审并不是说必须对标准进行修订。根据复审情况，一项标准一般会有三种可能结果：一是继续有效，二是修订，三是废止。只有当标准水平落后或者不能满足农产品质量安全需要时，标准才需要修订。

23 《农产品质量安全法》对农业投入品管理主要规定了哪些管理举措？

　　农业投入品是农产品质量安全源头管控的重要关口，对产地环境、农产品质量安全都有直接的影响。《农产品质量安全法》对农业投入品的使用作出了明确规定。在产地环境保护方面，《农产品质量安全法》要求，农产品生产者科学合理使用农药、兽药、肥料、农用薄膜等农业投入品，防止对农产品产地造成污染。农药、肥料、农用薄膜等农业投入品的生产者、经营者、使用者应当按照国家有关规定回收并妥善处置包装物和废弃物。在农产品生产方面，《农产品质量安全法》要求，农产品生产经营者依照法律、行政法规和国家有关强制性标准、国务院农业农村主管部门的规定，科学合理使用农药、兽药、饲料和饲料添加剂、肥料等农业投入品，严格执行农业投入品使用安全间隔期或者休药期的规定，不得超范围、超剂量使用农业投入品危及农产品质量安全。禁止在农产品生产经营过程中使用国家禁止使用的农业投入品以及其他有毒有害物质。农产品生产场所以及生产活动中使用的设施、设备、消毒剂、洗涤剂等应当符合国家有关质量安全规定，防止污染农产品。同时要求，农产品生产企业、农民专业合作社、农业社会化服务组织建立农产品生产记录，如实记载使用投入品的名称、来源、用法、用量和使用、停用的日期。在使用指导方面，《农产品质量安全法》要求，农业农村部门应当加强对农业投入品使用的监督管理和指导，建立健全农业投入品的安全使用制度，推广农业投入品科学使用技术，普及安全、环保农业投入品的使用。

农业投入品既包括在农业生产过程中使用或添加的物质，如种子、农（兽）药、肥料、饲料、微生物制剂、天敌生物等，也包括农业设施设备，如农机具、农用薄膜、温室大棚、灌溉设施、养殖设施、环境调控设施等。

农业投入品是影响农产品质量安全的重要因素。抓农产品质量安全，必须重视农产品生产源头治理；抓农产品质量安全源头治理，必须重视农业投入品管理。

25 什么是农药？

　　农药是指用于预防、控制危害农业、林业的病、虫、草、鼠和其他有害生物以及有目的地调节植物、昆虫生长的化学合成或者来源于生物、其他天然物质的一种物质或者几种物质的混合物及其制剂。

　　农药是重要的农业生产资料，对防病治虫、保障粮食安全和促进农业稳产高产至关重要。但农药的违规或过量使用，不仅使生产成本增加，也影响农产品质量安全和生态环境安全。保障农产品质量安全，不仅需要强化"管"的制度保障，也需要强化"产"的过程控制。要重点控制农药使用这个关键环节，注重源头治理、标本兼治，推行农药减量使用、科学使用，保障农产品质量安全。

农药的安全间隔期，是指最后一次施药至农作物可以收获前的时间（单位一般为天），即自最后一次施药到农产品中农药残留量降至最大残留限量以下所需的时间。安全间隔期的长短与药剂的种类、作物种类、环境条件、季节、施药次数、施药方法等因素有关。在农业生产中，最后一次施药与最早采收之间的时间间隔必须大于安全间隔期。不允许在安全间隔期内收获农作物，否则产品中农药残留有超标风险。科学合理使用农药，应当严格遵循农药安全间隔期。

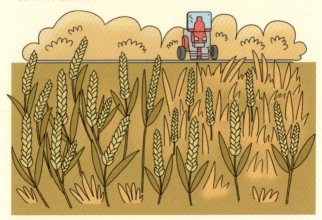

农药使用科学与否，直接关系到病虫害防治的效果和农产品质量安全，农药的科学使用对控制农残超标、保障农产品质量安全至关重要。农产品生产经营者在使用农药时，应做到以下几点。

（1）遵守农药安全使用要求。杜绝使用禁（限）用农药。

（2）对症、适时用药。根据农作物病虫草害种类以及病虫草害发生危害规律，合理选择农药品种，并注意在最佳防治时期施药，做到对症用药。

（3）保证施药技术和质量。施药要选择有质量保证的施药器械。准确称取农药，一定要按农药使用说明书的用量称取农药，不能随意增加用药量，避免农药浪费和对环境、农产品的污染。特别是除草剂，若不正确使用（药量、时期、施药方法）容易引起药害。要注意不要长期单一使用一种农药，以延缓病、虫、草抗药性的产生。

（4）注意安全用药。按照农药产品标签规定科学施药，严格遵循安全间隔期要求，做好安全防护措施，保护施药人员和畜禽安全，避免农药残留超标或者人畜中毒事故的发生。妥善处置剩余药液、施药器械和农药包装物。

（5）保证农药质量。到正规的农药销售场所购买农药。注意查看农药登记证号、生产许可证号和产品标准号。

（6）尽量减少用药。采用田园清洁、处理病残体、合理密植等农艺措施，形成不利于病虫害发生的条件，综合采用生物防治、物理防治等措施。

28 什么是兽药？

兽药是指用于预防、治疗、诊断动物疾病或者有目的地调节动物生理机能的物质（含药物饲料添加剂）。

兽药主要包括：血清制品、疫苗、诊断制品、微生态制品、中药材、中成药、化学药品、抗生素、生化药品、放射性药品及外用杀虫剂、消毒剂等。兽药残留超标可直接对人体产生急、慢性毒性作用，引起细菌耐药性增强。作为农产品生产经营者，要重视科学用药，防止出现兽药残留超标问题，促进养殖业健康持续发展。

29　什么是休药期？

　　休药期是指食品动物从最后一次给药到许可屠宰或它们的乳、蛋等产品许可上市的间隔时间。经过休药期，暂时残留在动物体内的药物被代谢至完全消失或对人体无害的浓度。休药期是依据药物在动物体内的消除规律确定的，不同药物在动物体内代谢的规律不同，因此不同药物的休药期也是不同的。

　　如果违反休药期规定，将造成农产品中的药物残留超标，给消费者带来健康乃至生命威胁。

30 什么是肥料？

肥料是农业生产中的一种重要生产资料，是指用于提供、保持或改善植物营养和土壤物理、化学性能以及生物活性，能提高农产品产量或改善农产品品质或增强植物抗逆性的有机物、无机物、微生物及其混合物。农产品生产经营者要树立科学施肥意识，掌握科学施肥技术，提高肥料资源利用效率。

31 如何认识合理使用肥料？

　　肥料在农业生产中起着重要的作用，但是，要认识到肥料施用并不是越多越好，注意改变"多施肥、多增产"等错误观念和"水大肥勤不用问人"等错误方式。盲目、过量施用等不合理施用肥料，会造成肥料的养分流失，这也是造成面源污染的重要原因。未被利用的养分一部分留存在土壤中供下季作物利用，一部分可能在降水、灌溉等作用下进入水体和大气，引起水体富营养化，造成资源浪费、环境污染、农产品品质下降、生产成本增加等问题。

　　合理施肥是提高产量、改善品质、降低成本、增加收益的有效措施。为达到合理施肥的目的，应充分发挥肥料在农业生产中的作用，促进农业发展从数量增长转向产量、质量并重。目前，推进科学施肥的方法主要包括测土配方施肥、精准施肥、有机肥和化肥配合使用等。

32 如何认识农用薄膜残留的影响？

　　农用薄膜是重要的农业生产资料。我国农用薄膜覆盖面积大、应用范围广，在增加农作物产量、提高农产品品质、丰富农产品供给等方面发挥了重要作用。但部分地区存在农用薄膜残留污染现象，这成为制约农业绿色发展的突出环境问题。作为农产品生产经营者，要充分认识到：农用薄膜残留会破坏土壤结构，影响作物出苗，阻碍根系生长，导致农作物减产；农用薄膜残留会降低播种质量，影响水分和养分吸收，可能导致商品性变差，效益下降；残膜弃于田间地头，被风吹至房前屋后、田野树梢，影响村容村貌。此外，残留农用薄膜也会对牲畜造成危害，如地面露头的残膜与牧草混杂在一起，牛羊误吃残膜后，影响消化，造成损失。因此，农产品生产经营者要科学合理使用农用薄膜，重视废旧农用薄膜回收，减少残

留，积极促进农业绿色发展。

尽管农用薄膜种类繁多，但我国对农用薄膜的品质有明确的标准要求，如《聚乙烯吹塑农用地面覆盖薄膜》（GB 13735—2017）规定了农用薄膜的分类、标称厚度、覆盖使用时间等。在农业生产中，应根据不同的生产需求，选择符合国家标准要求的合格农用薄膜，依法建立农用薄膜使用记录，防止农用薄膜对产地环境造成污染。

33 农药、肥料、农用薄膜等农业投入品包装物和废弃物能随意处置吗？

　　《农产品质量安全法》明确规定，农药、肥料、农用薄膜等农业投入品的生产者、经营者、使用者应当按照国家有关规定回收并妥善处置包装物和废弃物。因此，农药、肥料、农用薄膜等农业投入品包装物和废弃物不能随意处置。

　　《农药包装废弃物回收处理管理办法》明确，农药包装废弃物，是指农药使用后被废弃的与农药直接接触或含有农药残余物的包装物，包括瓶、罐、桶、袋等。农药生产者、经营者应当按照"谁生产、经营，谁回收"的原则，履行相应的农药包装废弃

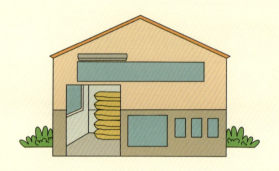

物回收义务。农药生产者、经营者可以协商确定农药包装废弃物回收义务的具体履行方式。农药使用者应当及时收集农药包装废弃物并交回农药经营者或农药包装废弃物回收站（点），不得随意丢弃。同时，农药使用者在配药时应当通过清洗等方式，充分利用包装物中的农药，减少残留农药。

肥料包装废弃物，是指肥料使用后，被废弃的与肥料直接接触或含有肥料残余物的包装（瓶、罐、桶、袋等）。《农业农村部办公厅关于肥料包装废弃物回收处理的指导意见》明确了肥料包装废弃物回收处理范围、处理主体、处理方式等内容。

《农用薄膜管理办法》中专门设置"第三章 回收和再利用"，明确规定，农用薄膜使用者应当在使用期限到期前捡拾田间的非全生物降解农用薄膜废弃物，交至回收网点或回收工作者，不得随意弃置、掩埋或者焚烧。

34 对未按规定回收并妥善处置农业投入品包装物或者废弃物的行为如何处理？

农业投入品规范使用是保障农产品质量安全的关键因素。农产品生产经营者使用投入品应当在选择购买、科学使用、建立生产记录和包装物废弃物回收处理的全过程中都遵照法律、法规办事，保障农产品质量安全和公众健康。《农产品质量安全法》第二十三条规定，农产品生产者应当科学合理使用农药、兽药、肥料、农用薄膜等农业投入品，防止对农产品产地造成污染。农药、肥料、农用薄膜等农业投入品的生产者、经营者、使用者应当按照国家有关规定回收并妥善处置包装物和废弃物。针对这一要求，《农产品质量安全法》第六十七条明确规定，农药、肥料、农用薄膜等农业投入品的生产者、经营者、使用者未按照规定回收并妥善处置包装物或者废弃物的，由县级以上地方人民政府农业农村主管部门依照有关法律、法规的规定处理、处罚。

《中华人民共和国土壤污染防治法》第八十八条规定，违反本法规定，农业投入品生产者、销售者、使用者未按照规定及时回收肥料等农业投入品的包装废弃物或者农用薄膜，或者未按照规定及时回收农药包装废弃物交由专门的机构或者组织进行无害化处理的，由地方人民政府农业农村主管部门责令改正，处一万元以上十万元以下的罚款；农业投入品使用者为个人的，可以处二百元以上二千元以下的罚款。此外，《农药包装废弃物回收处理管理办法》《农用薄膜管理办法》等对农药、农用薄膜等农业投入品的包装物、废弃物回收和处置也进行了详细规定。

35 为什么要做好农产品生产记录？

　　农产品生产记录通过记载农业投入品使用、病虫害防治、收获等方面的信息，来呈现农产品的生产过程和状况，能够客观反映农产品生产的真实情况。实行农产品生产记录制度，是夯实全链条监管的基础手段。一是有利于强化农产品质量安全意识。农产品生产者通过做好生产记录，可以引导自身将农产品质量安全意识融入日常，进一步落实质量安全责任。二是有利于规范农产品生产管理行为。由于农产品生产周期长、环节多，建立生产记录有助于引导农产品生产者加强生产过程质量安全管理，科学防控动物疫病及农作物病虫害，落实投入品安全使用制度，遵守农药安全间隔期或兽药休药期规定。三是有利于溯源农产品质量安全问题。一旦农产品出现质量安全问题，生产记录可以帮助农产品生产者查找生产过程具体信息，支撑快速分析问题原因和症结，这样便于采取有针对性的处置措施，降低损失。同时，生产记录也可以帮助提升发现问题隐患的能力，及时采取纠偏措施，进一步提高农产品质量安全管理水平。

一是知晓农产品生产记录主体要求。《农产品质量安全法》要求，农产品生产企业、农民专业合作社、农业社会化服务组织应当建立农产品生产记录，同时明确，国家鼓励其他农产品生产者建立农产品生产记录。上述规定，既是对规模主体的严格要求，也是对其他农产品生产者的引导和示范。

二是明确记录内容。在生产记录中，应如实记载下列事项：

（1）使用农业投入品的名称、来源、用法、用量和使用、停用的日期；

（2）动物疫病、农作物病虫害的发生和防治情况；

（3）收获、屠宰或者捕捞的日期。

三是规范生产记录管理。生产记录是把控农产品质量安全最基础的资料，必须如实记载生产过程中的各类事项，才能真正发挥其作用。《农产品质量安全法》规定，农产品生产记录应当至少保存二年。禁止伪造、变造农产品生产记录。

37 对未按规定建立农产品生产记录的行为明确了哪些处罚规定？

农产品生产经营者必须真实、客观地记录农产品从播种到收获过程中影响产品质量安全的农事操作信息。规范、清晰的生产记录有利于生产者准确掌握农事操作和质量安全管控情况，实现"流向可追踪、质量可追溯"。

《农产品质量安全法》明确规定：农产品生产企业、农民专业合作社、农业社会化服务组织未依照本法规定建立、保存农产品生产记录，或者伪造、变造农产品生产记录的，由县级以上地方人民政府农业农村主管部门责令限期改正；逾期不改正的，处二千元以上二万元以下罚款。

38 农产品生产场所以及生产活动中使用的设施、设备、消毒剂、洗涤剂会影响农产品质量安全吗？

　　农产品生产场所以及生产活动中使用的设施、设备、消毒剂、洗涤剂如果存在有毒有害物质，有可能污染农产品，从而影响农产品质量安全。《农产品质量安全法》明确规定，农产品生产场所以及生产活动中使用的设施、设备、消毒剂、洗涤剂等应当符合国家有关质量安全规定，防止污染农产品。

农产品生产场所应当保持干净、整洁，与有毒有害场所以及其他污染源保持距离。生产活动中使用的设施、设备，应当符合国家有关部门指定的有关质量安全标准或管理规定，避免因其不符合规定而导致污染农产品。

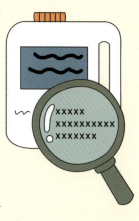

农产品生产场所和生产活动中使用的消毒剂和洗涤剂等应当符合国家有关质量安全规定，确保安全、无害，避免因使用不当带来质量安全隐患。比如，畜禽养殖场在消毒过程中，使用的消毒剂应当是经过有关部门批准生产的产品，具有生产文号和生产厂家等信息，避免购买"三无"或过期产品，并严格按照说明在规定范围内使用。另外，需要注意的是，因为有的消毒剂不是纯品，使用时需要按消毒剂包装标签及说明书上提供的信息来计算稀释比例，应避免出现浓度不足的问题。

39 如何认识农产品保鲜剂、防腐剂、添加剂？

　　农产品保鲜剂是指使农产品保持新鲜品质、减少流通损失、延长储存时间的人工合成物质或天然物质。防腐剂是指防止农产品腐烂变质的人工合成化学物质或天然物质。添加剂是指为改善农产品品质及加工性能而加入的人工合成化学物质或天然物质。上述"三剂"的使用，一方面可以延长农产品的储藏期，有效避免有害微生物的滋生，为农产品质量安全保驾护航；另一方面，可以满足消费者对于品种更丰富、质量更高、营养更好的农产品的追求。按国家标准要求，合理使用"三剂"的农产品，其安全性是有保障的。

　　需要强调的是，农产品在包装、保鲜、储存、运输中所使用的保鲜剂、防腐剂、添加剂、包装材料等，应当符合国家有关强制性标准以及其他农产品质量安全规定。

40 什么是农产品包装？

农产品包装是指农产品分等、分级、分类后实施装箱、装盒、装袋、包裹等活动的过程和结果。农产品生产企业、农民专业合作社以及从事农产品收购的单位或者个人销售的农产品，按照规定应当包装或者附加承诺达标合格证等标识的，须经包装或者附加标识后才可以销售。

农产品包装有助于对农产品形成保护，便于储运和消费，进而树立品牌形象。在农产品包装过程中，应当选择适宜的包装材料和包装方式，使农产品受到保护、避免污染、便于储运；也要因季节、产地、消费习惯、民族文化等因素进行包装，充分彰显农产品品质特征和特色文化；还需要注重"低碳绿色"，从避免浪费、可循环利用等多方面考虑，让科学、环境友好的包装成为农产品内在品质的外延彰显和功能拓展。

41 什么是农产品标识？

  农产品标识是指用来表达农产品生产信息和质量安全信息的所有标示行为和结果的总称，可以用文字、符号、数字、图案及相关说明物进行表达和标示。农产品包装物和标识上应当按照规定标明产品的品名、产地、生产者、生产日期、保质期、产品质量等级等内容；使用添加剂的，还应当按照规定标明添加剂的名称。

  农产品标识信息应当客观、真实、完整，这既是对消费的科学引导，也是对消费者知情权的充分尊重。清晰、透彻、亲和的标识，是农产品商品价值的内涵表达与文化升华。

42 储存、运输农产品的容器、工具和设备影响农产品质量安全吗？

农产品生产要经过种植（养殖）、收获（屠宰、捕捞）、保鲜、包装、储存、运输等多个环节，供应链条长，生产环境复杂，污染源多。其中，储存、运输是农产品生产经营过程的重要环节。农产品储存、运输过程中，容器、工具和设备卫生问题等因素可能影响农产品质量安全。对此，《农产品质量安全法》要求，储存、运输农产品的容器、工具和设备应当安全、无害。同时，《农产品质量安全法》明确规定，禁止将农产品与有毒有害物质一同储存、运输，防止污染农产品。

43 《农产品质量安全法》对在农产品生产场所以及生产活动中有关违法行为明确了哪些法律责任规定？

《农产品质量安全法》第七十二条列举了三种违法行为：一是在农产品生产场所以及生产活动中使用的设施、设备、消毒剂、洗涤剂等不符合国家有关质量安全规定；二是未按照国家有关强制性标准或者其他农产品质量安全规定使用保鲜剂、防腐剂、添加剂、包装材料等，或者使用的保鲜剂、防腐剂、添加剂、包装材料等不符合国家有关强制性标准或者其他质量安全规定；三是将农产品与有毒有害物质一同储存、运输。

　　违反《农产品质量安全法》规定，农产品生产经营者有上述三种行为之一的，由县级以上地方人民政府农业农村主管部门责令停止生产经营、追回已经销售的农产品，对违法生产经营的农产品进行无害化处理或者予以监督销毁，没收违法所得，并可以没收用于违法生产经营的工具、设备、原料等物品；违法生产经营的农产品货值金额不足一万元的，并处五千元以上五万元以下罚款，货值金额一万元以上的，并处货值金额五倍以上十倍以下罚款；对农户，并处三百元以上三千元以下罚款。

44 对农产品生产经营者在农产品生产经营过程中使用国家禁止使用的农业投入品或者其他有毒有害物质，销售含有国家禁止使用的农药、兽药或者其他化合物的农产品以及销售病死、毒死或者死因不明的动物及其产品等三类严重违法行为的法律责任是如何规定的？

《农产品质量安全法》第七十条规定了农产品生产经营主体三类严重违法生产经营行为的法律责任，这三种违法行为分别是：一是在农产品生产经营过程中使用国家禁止使用的农业投入品或者其他有毒有害物质；二是销售含有国家禁止使用的农药、兽药或者其他化合物的农产品；三是销售病死、毒死或者死因不明的动物及其产品。

农产品生产经营者存在上述三种行为，依法承担法律责任。

农产品生产经营者如有上述行为之一，需先依据《中华人民共和国刑法》《最高人民法院、最高人民检察院关于办理危害食品安全刑事案件适用法律若干问题的解释》等相关法律、法规，判断该行为是否构成犯罪，如构成犯罪，依法追究刑事责任。根据我国刑法及有关司法解释，上述三种违法行为构成生产、销售有毒、有害食品罪和生产、销售不符合安全标准食品罪的可能性较大。

上述违法行为，如不构成犯罪，由县级以上地方人民政府农业农村主管部门责令停止生产经营、追回已经销售的农产品，对违法生产经营的农产品进行无害化处理或者予以监督销毁，没收违法所得，并可以没收用于违法生产经营的工具、设备、原料等物品；违法生产经营的农产品货值金额不足一万元的，并处十万元以上十五万元以下罚款，货值金额一万元以上的，并处货值金额十五倍以上三十倍

以下罚款；对农户，并处一千元以上一万元以下罚款；情节严重的，有许可证的吊销许可证，并可以由公安机关对其直接负责的主管人员和其他直接责任人员处五日以上十五日以下拘留。需要注意的是，法律规定上述违法行为的主体为农产品生产经营者，即涵盖了所有的生产主体和经营主体，包括农产品生产企业、农民专业合作社、"收、储、运"主体以及农户。

明知农产品生产经营者从事上述违法行为，仍为其提供生产经营场所或者其他条件者的法律责任：除应责令停止违法行为，没收违法所得，并处十万元以上二十万元以下罚款外，使消费者的合法权益受到损害的，还应当与农产品生产经营者承担连带责任。

45 明知他人在农产品生产经营过程中使用禁用农药，仍将自己的生产场所提供给他人从事违法行为，要承担什么责任？

按照《农产品质量安全法》的规定，明知农产品生产经营者在农产品生产经营过程中使用国家禁止使用的农业投入品或者其他有毒有害物质等违法行为，仍为其提供生产经营场所或者其他条件的，由县级以上地方人民政府农业农村主管部门责令停止违法行为，没收违法所得，并处十万元以上二十万元以下罚款；使消费者的合法权益受到损害的，应当与农产品生产经营者承担连带责任。

特别需要提醒提供生产经营场所给他人使用的农产品生产经营者，一定要增强法律意识，弄清楚使用场所从事农产品生产经营的人员情况，确保使用场所开展的生产经营活动不存在违法行为，更不要被眼前的小利所欺骗。

第四章

产品质量篇

46 农产品生产企业、农民专业合作社应当如何通过检测实施质量安全管控？

检测是验证农产品是否符合农产品质量安全标准的主要手段，也是农产品生产者实施质量安全监控的重要措施。农产品生产企业、农民专业合作社应当根据质量安全控制要求，自行或者委托检测机构对农产品质量安全进行检测。

农产品生产企业、农民专业合作社在开展检测时，应当重点关注自身在生产过程中使用的农药、兽药等投入品引入的污染物，这样不仅有助于降低检测成本，也能够使检测更加具有针对性和实用性。农产品生产企业、农民专业合作社通过检测能够及时掌握农产品中农药、兽药等的残留水平及变化情况，从而采取延长采收或出栏时间等措施，使农产品符合最大残留限量等农产品质量安全标准。需要强调的是，销售的农产品应当符合农产品质量安全标准，经检测不符合农产品质量安全标准的农产品，应当及时采取管控措施，且不得销售。

47 如何选择农产品质量安全检测机构？

检验检测是了解农产品安全状况的重要技术手段。要保证检测结果客观真实，必须正确选择农产品质量安全检测机构。第一，必须正确选择具有相关资质的检测机构。从事农产品质量安全检验检测的机构必须经过国家或省级"农产品质量安全检测机构考核（CATL）"和"检验检测机构资质认定（CMA）"。第二，相关资质必须在有效期内。机构考核、资质认定授权具有时效性，即检测机构通过机构考核、资质认定后，考核机关会向其颁发合格证书，证书上标明了该机构出具公证数据的有效期。第三，检测项目在检测机构的合法领域范围内。通过机构考核、资质认定，并不意味着检测机构就可以检测所有的项目，只有在机构考核、资质认定通过的项目范围内出具的检测报告才有证明作用。

48 哪些农产品不得销售？

要杜绝不合格农产品流入百姓餐桌，必须把控好上市销售环节。《农产品质量安全法》规定，有下列情形之一的农产品，不得销售：

（1）含有国家禁止使用的农药、兽药或者其他化合物；

（2）农药、兽药等化学物质残留或者含有的重金属等有毒有害物质不符合农产品质量安全标准；

（3）含有的致病性寄生虫、微生物或者生物毒素不符合农产品质量安全标准；

（4）未按照国家有关强制性标准以及其他农产品质量安全规定使用保鲜剂、防腐剂、添加剂、包装材料等，或者使用的保鲜剂、防腐剂、添加剂、包装材料等不符合国家有关强制性标准以及其他质量安全规定；

（5）病死、毒死或者死因不明的动物及其产品；

（6）其他不符合农产品质量安全标准的情形。

对上述规定不得销售的农产品，应当依照法律、法规的规定进行处置。

49　什么是农药残留？

　　农药残留指在农药使用后残存于生物体、农产品（食品或饲料）及环境中的特定物质，包括母体和（或）具有毒理学意义的衍生物，如代谢物、转化物、反应物和杂质。农药残留还包括未知来源的残留物，如背景残留。残存的农药数量称为残留量，一般都是微量级的，以每千克样本中的残留量（毫克）表示，单位一般为毫克/千克（mg/kg）。

　　在农产品生产过程中，超范围、超剂量使用农药以及不遵守安全间隔期规定等行为，都可能造成农产品中农药残留超标。此外，农药不合理使用、农药包装废弃物乱丢乱弃，也可能导致农药在土壤、水体等环境中残留，对虫（益虫）、鱼、鸟等产生直接或间接毒害，破坏生态平衡，造成环境污染。因此农产品生产经营者应当做到科学合理使用农药。

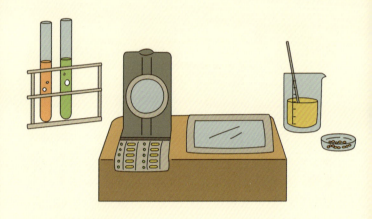

50 农药残留"检出"和"超标"有什么区别？

　　"检出"是指应用特定检测方法，检测到农产品中含有某种农药，也就是农药的检测值达到或超过检测方法的定量限。"超标"是指农产品中农药残留的检测值超过规定的农药最大残留限量。农药残留"超标"肯定能"检出"，但农药残留"检出"不一定"超标"。随着科技发展，检测仪器日益先进，检测方法灵敏度不断提高，极微量的残留都可能检出，但只要不超标，就可以放心食用。

51 如何认识化肥使用与农产品品质的关系？

　　农产品的外观、营养及内含物成分、储藏性状与化肥施用有直接关系。有的老百姓说"用了化肥，瓜不香了、果不甜了"，这是化肥施用不合理的结果。有的果农在种植过程中，盲目追求大果和超高产，过量使用氮肥，忽视了与其他元素肥料配合施用，导致叶片、果实长得很大，水分很多，但是可溶性固形物、糖度反而跟不上，降低了农产品风味。实际上，农产品品质与吸收养分的比例有关，若化肥养分结构、施用方法合理，健康成长的瓜果就会果更香、瓜更甜。

兽药残留是指动物产品的任何可食部分所含兽药的母体化合物和（或）其代谢物以及与兽药有关的杂质残留。兽药残留既包括原药残留，也包括药物在动物体内的代谢产物残留。

兽药的安全合理使用，可以有效降低动物发病、死亡率，提高畜牧业和水产养殖业效益，增加农民收入。但若违规使用，则有可能造成兽药残留超标，给动物性食品安全造成隐患。农产品生产经营者必须遵守兽药安全使用规定，建立用药记录，严格执行休药期规定。禁止使用假、劣兽药以及明令禁止使用的药品和其他化合物。禁止在饲料和动物饮用水中添加激素类药品和其他禁用药品。

53 什么是重金属？

重金属一般指密度大于4.5克/厘米^{3}的金属。农产品中具有危害的重金属主要有镉、汞、铅、砷、铬等。农产品重金属含量超标的原因，主要是受种植环境的污染。

产地重金属超标的原因是多种的，有的因为地处富矿带，土壤本底值偏高；或者有的是有来源于工矿企业、交通干线的污染；也有的因为污水灌溉、大气沉降、降水引入的污染；另外，施用含重金属的劣质肥料等也会增加土壤重金属积累的风险。

54 什么是快速检测？

快速检测是相对常规仪器检测而言的，是指采用具有简便、快速、灵敏等特点的方法或手段开展的检测，往往能够在短时间内完成从样品制备、提取到检测的过程，并给出农产品质量安全初步筛查结果。

由于农产品生产量大，而且大多数是鲜活的，不宜长时间保存，快速检测具有操作简单、成本低、速度快等优点，可以有效缩短检测时间，做到快速筛查，及时得到检测结果，降低检测费用，因此在农产品质量安全管理中有较大需求。

但目前快速检测技术也存在不足，主要是准确度稍差，大多只能给出定性或半定量结果，适用范围有限，有时存在"假阳性""假阴性"。因此，当对快速检测结果产生异议时，复检不得采用快速检测方法。

55 农产品生产经营者对监督抽查检测结果有异议应该怎么做？

一是农产品生产经营者可以在收到检测结果当天起的五个工作日内，向实施监督抽查的农业农村主管部门或者上一级农业农村主管部门提出复检申请。需要注意的是，"五个工作日"不等于五天，复检机构与初检机构不得为同一机构。

二是如果检测结果是根据快速检测方法得出的，被抽查人可以自收到检测结果时起四个小时内提出复检申请。复检不得采用快速检测方法。

三是复检机构就应当自收到复检样品之日起七个工作日内出具检测报告。

四是因为检测结果错误给当事人造成损害的，依法承担赔偿责任。

农产品生产经营者应当知晓上述规定，维护自身合法权益。

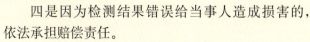

56 《农产品质量安全法》对农产品生产经营者销售农药、兽药等化学物质残留不符合农产品质量安全标准的农产品行为的法律责任是如何规定的？

　　《农产品质量安全法》第七十一条列举了几种农产品生产经营者较严重的违法生产经营行为，包括销售农药、兽药等化学物质残留或者含有的重金属等有毒有害物质不符合农产品质量安全标准的农产品；销售含有的致病性寄生虫、微生物或者生物毒素不符合农产品质量安全标准的农产品；销售其他不符合农产品质量安全标准的农产品。上述行为均为销售行为。针对上述行为，需要依据《中华人民共和国刑法》《最高人民法院、最高人民检察院关于

办理危害食品安全刑事案件适用法律若干问题的解释》等判断该行为是否构成犯罪，如构成犯罪，依法追究刑事责任；如尚不构成犯罪的，由县级以上地方人民政府农业农村主管部门责令停止生产经营、追回已经销售的农产品，对违法生产经营的农产品进行无害化处理或者予以监督销毁，没收违法所得，并可以没收用于违法生产经营的工具、设备、原料等物品；违法生产经营的农产品货值金额不足一万元的，并处五万元以上十万元以下罚款，货值金额一万元以上的，并处货值金额十倍以上二十倍以下罚款；对农户，并处五百元以上五千元以下罚款。

《农产品质量安全法》规定，农产品销售企业对其销售的农产品，应当建立健全进货检查验收制度；经查验不符合农产品质量安全标准的，不得销售。

农产品进货检查验收制度，是指农产品销售者根据国家有关规定、内部的质量管理制度，以及同生产者或其他供货者之间订立的合同约定，对购进农产品的承诺达标合格证及其他质量安全相关标志、标识、证明、记录等进行检查，必要时可以抽样检测，符合要求予以验收的制度。检查验收制度包括采购索证、进货验收和台账记录过程。农产品销售企业建立健全进货检查验收制度，既是提升质量管控能力的有效手段，也是维护自身权益的具体举措。

第五章

监督管理篇

58 农产品生产经营者对生产经营的农产品质量安全承担责任吗？

"谁生产谁负责、谁经营谁负责"，农产品生产经营者的主体责任是第一位的，这是农产品质量安全责任体系和制度构建的基石。《农产品质量安全法》把农户、农民专业合作社、农产品生产企业及"收、储、运"等环节的主体都纳入监管范围，明确农产品生产经营者应当对其生产经营的农产品质量安全负责。法律通过明确生产过程、收储运输、消费加工等环节农产品生产经营者和市场开办者的农产品质量安全管理义务，全链条强化内部质量控制，压实自我管理责任。农产品生产经营者作为农产品质量安全的第一责任人，要坚持在生产经营活动中注重质量安全、强化诚信自律，落实好生产经营者第一责任。

诚信自律

59 落实农产品生产经营者质量安全责任需重点注重哪些方面？

一是要严格遵守法律法规。农产品生产经营者要做到知法、懂法，在生产经营活动中严格遵守法律法规的要求。

二是按照标准从事农产品生产经营活动。农产品质量安全标准是强制性标准，禁止生产、销售不符合国家规定的农产品质量安全标准的农产品。

三是认真做到诚信自律。自觉落实全程质量控制要求，诚信生产、诚信经营，在承诺上做到真承诺，在合格上做到真合格，以达标合格的农产品让消费者买得放心、吃得安心。

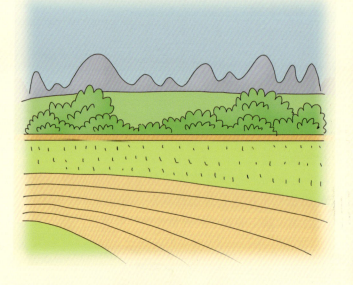

　　四是自觉接受社会监督。农产品质量安全人人有责、人人享有，需要社会监督。农产品生产经营者要自觉主动接受社会监督，共同构建政府、生产经营者、行业协会、新闻媒体等各主体良性互动的社会共治体系。

　　五是承担社会责任。农产品生产经营者不能光算经济账，要切实把保障公众身体健康放在重要位置，规范生产安全合格的农产品，注重产地生态环境保护，采用绿色生产技术，落实全程质量管控，促进农业绿色可持续发展。

60 农户也需要对其生产经营的农产品质量安全负责吗？

农户本身是农产品生产经营者的一种类型，法律规定的对所有农产品生产经营者都普遍适用的法律责任，农户也必须遵守。《农产品质量安全法》明确规定，农产品生产经营者应当对其生产经营的农产品质量安全负责。因此，农户也应当对其生产经营的农产品质量安全负责。《农产品质量安全法》对农户责任的规定是全方位的，包括产地环境、投入品使用、保障上市农产品安全等多方面内容，农户应当全面知晓、规范落实。

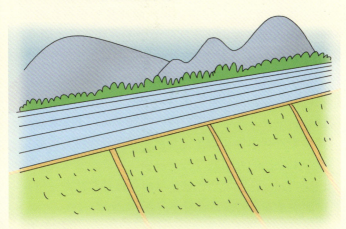

61 《农产品质量安全法》对农户的监管是怎么规定的？

《农产品质量安全法》把农户、农民专业合作社、农业生产企业及"收、储、运、管"各环节各主体都纳入监管范围，规定了农户在农产品质量安全方面共同但有区别的法律责任，实现了对所有农产品生产经营者的监管全覆盖。在事关农产品质量安全底线的基本要求方面，《农产品质量安全法》对农户和其他各类主体的要求是一致的，法律中用"禁止""不得""应当"等条款规定了强制性义务，体现了农产品质量安全责任的刚性，也明确了农户违反底线要求的法律责任。同时，法律充分考虑"大国小农"是我国的基本国情，作出与规模化生产经营主体有所区别的制度安排。比如，在内部管控制度、人员配备、产品上市前检测、承诺达标合格证开具等方面没有作硬性规定，主要通过扶持政策进行引导和帮扶提升；在同一违法行为的处罚上，对农户的处罚额度低于规模化生产经营主体。农户应当知晓法律规定，依法从事生产经营活动，做农产品质量安全的践行者与守护者。

62 《农产品质量安全法》对农户设置了哪些鼓励性规定？

　　《农产品质量安全法》规定，国家鼓励和支持农产品生产经营者选用优质特色农产品品种，采用绿色生产技术和全程质量控制技术，生产绿色优质农产品，实施分等分级，提高农产品品质，打造农产品品牌。鼓励具备信息化条件的农产品生产经营者采用现代信息技术手段采集、留存生产记录、购销记录等生产经营信息。同时，鼓励农户建立农产品生产记录，销售农产品时开具承诺达标合格证。

63 农民专业合作社和农产品行业协会在农产品质量安全管理中应该如何发挥作用？

　　农民专业合作社和农产品行业协会等应当及时为其成员提供生产技术服务，建立农产品质量安全管理制度，健全农产品质量安全控制体系，加强自律管理。

　　农民专业合作社是小农户与现代农业连接的纽带，是农业产业化经营、标准化管理的重要依托和保障。农产品行业协会是沟通政府和市场主体的桥梁，是实现行业自律、规范行业行为、开展行业服务、保障公平竞争的社会组织。《农产品质量安全法》对农民专业合作社、农产品行业协会等明确技术服务与自律管理的规定，有利于强化各方面的农产品质量安全意识，有利于构建协同、高效的社会共治体系。

农产品生产企业在农产品生产过程中必须建立涵盖生产基地、投入品、废弃物和污染物、采后处理和加工、产品包装、产品储藏运输、产品销售等环节的农产品质量安全管理制度。

农产品生产企业应结合生产实际，分析生产管理存在的危害（风险）控制点，制定相应的防范措施，建立并严格落实农产品质量安全管理制度。同时，配备相应的技术人员。不具备配备条件的，应当委托具有专业技术知识的人员进行农产品质量安全指导。为农产品生产企业提供服务的人员，应指导帮助农产品生产企业建立农产品质量安全管理制度，健全农产品质量安全控制体系，为农产品生产企业及时提供生产技术服务。

65 对农产品生产企业未按照规定建立农产品质量安全管理制度或未配备质量安全管理技术人员的情形应如何处罚？

《农产品质量安全法》明确规定，农产品企业有下列情形之一的，由县级以上地方人民政府农业农村主管部门责令限期改正；逾期不改正的，处五千元以上五万元以下罚款：

（1）未建立农产品质量安全管理制度；

（2）未配备相应的农产品质量安全管理技术人员，且未委托具有专业技术知识的人员进行农产品质量安全指导。

　　农产品生产企业与农户等其他类型农产品生产
经营者相比，规模化、专业化等程度较高，应当在
农产品质量安全管控中发挥示范引领作用。上述要
求是对农产品生产企业生产过程中所应承担的法律
责任的规定。农产品生产企业应当严格落实这一要
求，制定并落实农产品质量安全管理制度，配备相
应的质量安全管理技术人员，或者委托农产品质量
安全领域大专院校和科研院所安排技术人员提供质
量安全指导，全链条强化农产品质量控制，全过程
压实自我管理责任。

66 从事农产品冷链物流的生产经营者需要落实农产品质量安全责任吗？

《农产品质量安全法》规定，从事农产品冷链物流的生产经营者应当依照法律、法规和有关农产品质量安全标准，加强冷链技术创新与应用、质量安全控制，执行对冷链物流农产品及其包装、运输工具、作业环境等的检验检测检疫要求，保证冷链农产品质量安全。

从事农产品冷链物流的生产经营者，应当具备相应的冷链物流知识、技能和经验，熟悉操作流程，增强责任意识，加强冷链技术创新与应用，强化质量安全控制，判断潜在的危害并采取适当的预防和纠正措施；依法依规适应不同农产品检验、检测、检疫要求，结合自身发展需要，加强检验、检测、检疫设施建设和设备配置，强化冷链检验、检测、检疫专业技能培训；提高质量安全意识，遵守生产操作规程，确保冷链运输农产品质量安全。

67 通过网络平台销售农产品的农产品生产经营者也需要落实质量安全责任吗？

农产品生产经营者通过网络平台销售农产品时，应当依照《农产品质量安全法》《中华人民共和国电子商务法》《食品安全法》等法律、法规的规定，严格落实质量安全责任，保证销售的农产品符合质量安全标准。

近年来，随着互联网的普及应用，借助电商平台销售农产品的方式也逐步兴起。相比传统的农产品销售，电子商务环境下的农产品销售交易过程均在互联网虚拟环境下进行，具有隐蔽性、随机性、非透明性等特点，这使得农产品质量监管难度进一步加大。对此，《农产品质量安全法》回应新业态和新的农产品销售方式，规定了通过网络平台销售农产品的生产经营者的质量安全责任。农产品生产经营者在进行网络交易时，需要遵守上述规定，确保所销售的农产品质量安全。

68 如何认识国家对列入农产品质量安全追溯目录的农产品实施追溯管理？

《农产品质量安全法》明确规定，国家对列入农产品质量安全追溯目录的农产品实施追溯管理。

我国农产品质量安全追溯体系建设总体上根据国情、农情，按照急用先行、分步实施的原则稳步推进，同时支持重点地区、重点品种、重点领域先行先试。农产品质量安全追溯目录的制定综合考虑了食用农产品对人民群众身体健康和生命财产安全的重要程度、质量安全危害事件发生概率、追溯技术成熟度等因素，并实行动态管理。

农产品生产经营者应当落实法律对农产品质量安全追溯的具体要求，推动实现农产品来源可查、去向可追、风险可控、责任可究，确保农产品质量安全。

69 农业农村主管部门在农产品质量安全监督检查过程中有权采取哪些措施？

农业农村主管部门开展农产品质量安全监督检查，有权采取下列措施：

（1）进入农产品生产经营场所开展现场检查，调查了解农产品质量安全的有关情况；

（2）查阅、复制农产品生产记录、购销台账等与农产品质量安全有关的资料；

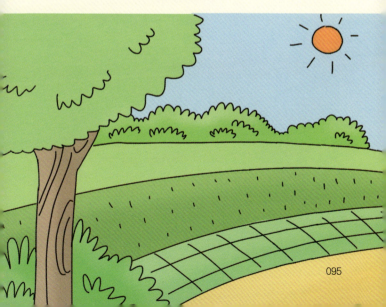

（3）抽样检测农产品生产经营的农产品和使用的农业投入品以及其他有关产品；

（4）查封、扣押有证据证明存在农产品质量安全隐患或者经检测不符合农产品质量安全标准的农产品；

（5）查封、扣押有证据证明可能危及农产品质量安全或者经检测不符合产品质量标准的农业投入品以及其他有毒有害物质；

（6）查封、扣押用于违法生产经营农产品的设施、设备、场所以及运输工具；

（7）收缴伪造的农产品质量标志。

农产品生产经营者应当协助、配合农产品质量安全监督检查，不得拒绝、阻挠。

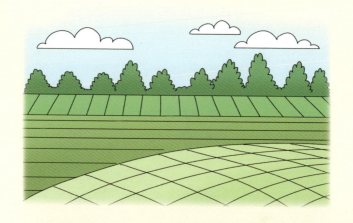

70 农产品生产经营者需要了解哪些农产品质量安全监督抽查基本知识？

  农产品质量安全监督抽查是指为了监督农产品质量安全，依法对生产中或市场上销售的农产品进行抽样检测的活动。农产品生产经营者应当了解以下几条关于监督抽查的基本知识。

  （1）农产品质量安全监督抽查检测应当委托符合《农产品质量安全法》规定条件的农产品质量安全检测机构进行。

（2）监督抽查不得向被抽查人收取费用，抽取的样品应当按照市场价格支付费用，并不得超过国务院农业农村主管部门规定的数量。

（3）上级农业农村主管部门监督抽查的同批次农产品，下级农业农村主管部门不得另行重复抽查。

（4）县级以上地方人民政府农业农村主管部门可以采用国务院农业农村主管部门会同国务院市场监督管理等部门认定的快速检测方法，开展农产品质量安全监督抽查检测。抽查检测结果确定有关农产品不符合农产品质量安全标准的，可以作为行政处罚的证据。

（5）农产品生产经营者对监督抽查检测结果有异议的，可以依法申请复检。

农产品生产经营者要协助、配合好农产品质量安全监督抽查，不得拒绝、阻挠依法开展的抽样检测等工作。

71 对拒绝、阻挠依法开展农产品质量安全监管的行为如何处置？

　　《农产品质量安全法》明确规定，农产品生产经营者应当协助、配合农产品质量安全监督检查，不得拒绝、阻挠。该法第七十六条明确：违反本法规定，拒绝、阻挠依法开展的农产品质量安全监督检查、事故调查处理、抽样检测和风险评估的，由有关主管部门按照职责责令停产停业，并处二千元以上五万元以下罚款；构成违反治安管理行为的，由公安机关依法给予治安管理处罚。

有的企业以各种理由拒绝、阻挠有关部门、机构及其工作人员依法开展监督检查等工作，对执法造成了障碍。法律上述规定对农产品生产经营者协助配合监督检查提出了明确要求，从处罚对象来看，该规定的处罚对象既包括农产品生产经营者，也包括农产品生产经营者之外的相关单位及人员。需要指出的是，有关部门、机构及其工作人员进入生产经营场所进行的监督检查，应当依法开展，避免对生产经营者合法、正常生产经营活动造成影响。

72 如何认识对农产品生产经营者的责任约谈？

农产品生产经营过程中存在质量安全隐患，未及时采取措施消除的，县级以上地方人民政府农业农村主管部门可以对农产品生产经营者的法定代表人或者主要负责人进行责任约谈。农产品生产经营者应当立即采取措施，进行整改，消除隐患。

责任约谈是指依法享有监督管理职权的行政主体，发现其所监管的行政相对人出现了特定问题，为了防止发生违法行为，在事先约定的时间、地点与行政相对人进行沟通、协商，然后给予警示、告诫的一种非强制行政行为。责任约谈体现了行政监管方式由事后处罚打击型向事前监督指导型转变。

73 发生农产品质量安全事故时，应该报告信息吗？

《农产品质量安全法》明确规定，发生农产品质量安全事故时，有关单位和个人应当采取控制措施，及时向所在地乡镇人民政府和县级人民政府农业农村等部门报告；收到报告的机关应当按照农产品质量安全突发事件应急预案及时处理并报本级人民政府、上级人民政府有关部门。发生重大农产品质量安全事故时，按照规定上报国务院及其有关部门。

根据《农产品质量安全突发事件应急预案》规定，责任报告单位和个人包括：农产品种植、养殖、收购、贮藏、运输单位和个人；农产品质量安全风险评估、检验检测机构和科研院所；农产品质量安全突发事件发生单位；地方各级农业行政主管部门和相关机构；其他单位和个人。任何单位和个人不得隐瞒、谎报、缓报农产品质量安全事故，不得隐匿、伪造、毁灭有关证据。

74 有关农产品质量安全犯罪的罪名主要有哪些？

根据刑法和有关司法解释，有关农产品质量安全犯罪的罪名主要有以下几种。

（1）生产、销售不符合安全标准的食品罪。刑法第一百四十三条规定：生产、销售不符合食品安全标准的食品，足以造成严重食物中毒事故或者其他严重食源性疾病的，处三年以下有期徒刑或者拘役，并处罚金；对人体健康造成严重危害或者有其他严重情节的，处三年以上七年以下有期徒刑，并处罚金；后果特别严重的，处七年以上有期徒刑或者无期徒刑，并处罚金或者没收财产。根据《最高人民法院、最高人民检察院关于办理危害食品安全刑事案件适用法律若干问题的解释》的规定，在食用农产品种植、养殖、销售、运输、贮存等过程中，违反食品安全标准，超限量或者超范围滥用添加剂、农药、兽药等，足以造成严重食物中毒事故或者其他严重食源性疾病的；对畜禽注水或者注入其他物质，足以造成严重食物中毒事故或者其他严重食源性疾病的，依照刑法第一百四十三条的规定以生产、销售不符合安全标准的食品罪定罪处罚。

　　(2) 生产、销售有毒、有害食品罪。刑法第一百四十四条规定：在生产、销售的食品中掺入有毒、有害的非食品原料的，或者销售明知掺有有毒、有害的非食品原料的食品的，处五年以下有期徒刑，并处罚金；对人体健康造成严重危害或者有其他严重情节的，处五年以上十年以下有期徒刑，并处罚金；致人死亡或者有其他特别严重情节的，依照本法第一百四十一条的规定处罚。根据《最高人民法院、最高人民检察院关于办理危害食品安全刑事案件适用法律若干问题的解释》的规定，在食用农产品种植、养殖、销售、运输、贮存等过程中，使用禁用农药、食品动物中禁止使用的药品及其他化合物等有毒、有害的非食品原料；在畜禽屠宰相关环节，对畜禽使用食品动物中禁止使用的药品及其他化合物等有毒、有害的非食品原料，依照刑法第一百四十四条的规定以生产、销售有毒、有害食品罪定罪处罚。

（3）非法经营罪。根据《最高人民法院、最高人民检察院关于办理危害食品安全刑事案件适用法律若干问题的解释》，以提供给他人生产、销售食用农产品为目的，违反国家规定，生产、销售国家禁用农药、食品动物中禁止使用的药品及其他化合物等有毒、有害的非食品原料，或者生产、销售添加上述有毒、有害的非食品原料的农药、兽药、饲料、饲料添加剂、饲料原料，情节严重的；违反国家规定，私设生猪屠宰厂（场），从事生猪屠宰、销售等经营活动，情节严重的，依照刑法第二百二十五条的规定以非法经营罪定罪处罚。

此外，还可能涉及生产、销售伪劣产品罪、虚假广告罪、提供虚假证明文件罪、出具证明文件重大失实罪等；负有食品安全监督管理职责的国家机关工作人员滥用职权或玩忽职守，还可能涉及食品监管渎职罪、徇私舞弊不移交刑事案件罪、动植物检疫徇私舞弊罪等其他渎职犯罪。

75 《农产品质量安全法》对农产品生产经营者未按规定开具承诺达标合格证行为的法律责任是如何规定的？

《农产品质量安全法》明确了农产品生产经营者未按规定开具、收取、保存承诺达标合格证及其他合格证明的法律责任。违反《农产品质量安全法》规定，农产品生产企业、农民专业合作社、从事农产品收购的单位或者个人未按照规定开具承诺达标合格证的，以及从事农产品收购的单位或者个人未按照规定收取、保存承诺达标合格证或者其他合格证明的，由县级以上地方人民政府农业农村主管部门按照职责给予批评教育，责令限期改正；逾期不改正的，处一百元以上一千元以下罚款。

考虑到我国的国情和农情，《农产品质量安全法》明确鼓励和支持农户销售农产品时开具承诺达标合格证，对农户是否开具承诺达标合格证不作强制性要求。

农产品质量安全追溯必须采取现代信息技术手段吗？

　　农产品质量安全追溯可以通过不同方式实现，当前农产品生产经营者信息化追溯基础条件存在差异，农产品质量安全追溯允许传统追溯方式和信息化追溯方式同时存在，由农产品生产经营者自愿选择。其中，传统追溯方式是农产品生产经营者通过规范生产记录、销售记录管理，供应链上、下游环节通过索证索票、查验和留存生产记录、销售记录、包装标识等措施，对农产品生产、收购、储存、运

输等各个环节实施追溯管理；信息化追溯方式是农产品生产经营者采用现代信息技术手段，比如应用互联网、物品编码等信息技术，实现追溯信息采集、存储、传递和查询应用。相对传统追溯方式，信息化追溯方式对农产品生产经营者信息化知识和设备要求更高，但溯源信息读取、查询以及数据分析应用更为快速，有利于快速预警、快速召回问题产品。随着我国信息技术的快速发展，信息化追溯方式将是发展趋势，国家鼓励具备信息化条件的农产品生产经营者采用现代信息技术手段采集、留存生产记录、购销记录等生产经营信息。

77 《农产品质量安全法》对违反农产品质量安全追溯管理行为的法律责任是如何规定的？

《农产品质量安全法》第四十一条规定，国家对列入农产品质量安全追溯目录的农产品实施追溯管理。因此，农产品生产经营者应当严格落实追溯规定，通过对生产经营各环节的信息化监管，实现农产品"生产有记录、流向可追踪、质量可追溯、责任可界定"，扩大优质农产品供给。

该法第七十五条规定，违反本法关于农产品质量安全追溯规定的，由县级以上地方人民政府农业农村主管部门按照职责责令限期改正；逾期不改正的，可以处一万元以下罚款。需要注意的是，对违反《农产品质量安全法》关于农产品质量安全追溯规定的行为，在处罚前设置了责令限期改正这一前置程序，逾期不改正的，可以处一万元以下罚款。

生产经营者因违法行为给消费者造成人身、财产或者其他损害的，应如何承担民事赔偿责任？

　　民事赔偿是由平等民事主体之间的侵权引起的民事责任。农产品生产经营主体违反了《农产品质量安全法》的规定，给消费者造成人身、财产或者其他损害的，应依法承担民事赔偿责任。

　　生产经营者财产不足以同时承担民事赔偿责任和缴纳罚款、罚金时，先承担民事赔偿责任。这是关于民事赔偿优先的规定。当农产品生产经营者出

现违反《农产品质量安全法》规定的违法行为时，可能会产生多种财产责任。一方面，需要对受害者的人身和财产损害承担民事赔偿责任；另一方面，需要接受相关监管部门罚款的行政处罚；若涉及犯罪，还将承担罚金等刑事责任。当农产品生产经营者同时面临民事赔偿、罚款和罚金时，可能会出现财产不足而难以同时支付的问题。为切实保障受害人的合法权益，《农产品质量安全法》规定先承担民事赔偿责任，这充分体现了以人为本的立法理念。

79 对食用农产品生产经营者违反《农产品质量安全法》规定，污染环境、侵害众多消费者合法权益、损害社会公共利益等情形，是否可以提起公益诉讼？

探索建立检察机关提起公益诉讼制度，是以法治思维和法治方式推进国家治理体系和治理能力现代化的一项重要制度安排，目的是充分发挥检察机关法律监督职能作用，促进依法行政、严格执法，维护宪法、法律权威，维护社会公平正义，维护国家利益、消费者利益和社会公共利益。农产品质量安全、产地污染等问题关系广大民生，涉及公共利益。《农产品质量安全法》明确规定，食用农产品生产经营者违反本法规定，污染环境、侵害众多消费者合法权益，损害社会公共利益的，人民检察院可以依照《中华人民共和国民事诉讼法》《中华人民共和国行政诉讼法》等法律的规定向人民法院提起诉讼。

《农产品质量安全法》明确公益诉讼规定，有利于及时纠正损害社会公共利益的行为，推动实现农产品质量安全人人有责、人人尽责、人人享有。

第六章

优质化发展篇

80 《农产品质量安全法》在农业绿色、高质量发展方面有哪些体现？

　　《农产品质量安全法》围绕增加绿色优质农产品供给、提升农业质量效益竞争力等重点任务，强化了三个方面举措。一是突出标准化生产。明确了农产品质量安全标准的范围，在健全标准体系、推动按标生产、建立质量管理制度、推进农业标准化示范建设等方面作了规定，鼓励和支持实施危害分析和关键控制点（HACCP）体系、良好农业规范（GAP）等。通过强化绿色导向、标准引领和质量安

全监管，促进各项绿色生产技术和质量管理要求落实落地。二是突出品质提升。对标高品质生活需求，鼓励选用优质特色品种，采用绿色生产技术和全程质量控制技术，提高农产品品质，打造农产品品牌。同时支持冷链物流基础设施建设，健全有关标准规范和监管保障机制，使产地的"好产品"转化为消费者口中的"好味道"。三是突出质量标志管理。首次在法律层面提出了绿色优质农产品这一提法，鼓励符合条件的农产品生产经营者申请农产品质量标志，明确加强地理标志农产品保护和管理，为培育农业精品品牌、促进优质优价提供支撑。

农产品生产经营者要积极顺应农产品需求由"有没有"向"好不好"转变这一时代要求，积极落实全程质量控制措施，推进农业绿色化、优质化、特色化、品牌化，从源头上产出更多绿色优质农产品，让农产品既要产得出、产得优，也要卖得出、卖得好。

　　农业产业发展要走质量兴农之路，必须突出农业绿色化、优质化、特色化、品牌化。《农产品质量安全法》明确规定鼓励和支持生产绿色优质农产品，把绿色优质放到更加突出的位置。

　　绿色优质农产品是质量安全达到或高于食品安全国家强制性标准且营养品质符合有关标准要求的农产品。绿色优质农产品主要包括绿色食品、有机农产品、地理标志农产品、全程质量控制农产品、良好农业规范农产品、名特优新农产品、各省级相关部门组织认定或按标建设的绿色优质农产品基地的有关产品等。农产品生产经营者要积极生产绿色优质农产品，努力打造农产品精品品牌，把产地的"好产品"转化为消费者口中的"好味道"。

82 什么是农产品质量安全认证?

农产品质量安全认证是由具有资质的专门机构证明农产品及其加工产品、服务、管理体系等符合相关技术规范要求或标准的合格评定活动。农产品质量安全认证分类较多,按认证所依据标准的性质,可分为强制性认证和自愿性认证;按认证对象,可分为产品认证和体系认证。在产品认证方面,有绿色食品、有机产品认证等;在体系认证方面,有危害分析和关键控制点体系认证等。

83　什么是农产品质量标志？

农产品质量标志是指由国家有关部门制定并发布，加施于获得特定质量认证的农产品的证明性标识，如绿色食品、有机农产品、良好农业规范农产品等。

为统一质量标志的内容共识和使用规范，农业农村部门等相关主管部门已针对具体的质量标志颁布了部门规章、行业标准等规范要求。比如，《绿色食品标志管理办法》的颁布旨在加强绿色食品标志使用管理，确保绿色食品信誉，促进绿色食品事业健康发展，维护生产经营者和消费者合法权益。

国家禁止冒用农产品质量标志。对于冒用农产品质量标志的行为，《农产品质量安全法》明确了相应的法律责任。

良好农业规范是采用危害分析和关键控制点等原理，对作物种植、畜禽养殖、水产养殖和蜜蜂养殖产前、产中和产后进行质量安全控制的一系列操作标准。良好农业规范关注环境保护、员工健康安全和福利、农产品质量安全、动物福利，为初级农产品的生产提供了一套操作标准。推广良好农业规范，有助于提升农业生产的标准化水平，有利于提高农产品的安全水平和内在品质，有利于增强消费者的消费信心。

85　良好农业规范推行的理念有哪些？

　　良好农业规范推行的理念包括六个方面。一是坚持以人为本，强调人类、动植物与环境的有机整体性，体现的是完整的可持续农业发展理念。二是坚持农产品的外观、内质和安全性的有机统一，重点解决的是农产品的安全问题，严格按照良好农业规范的要求操作，生产出来的农产品质量安全更有保障。三是认同农药、化肥等农业投入品的适度投入。四是强调从源头解决农产品的安全问题，体现"防患于未然""关口前移"和"源头控制"的思路。五是引入农产品质量安全可追溯制度，便于在出现质量安全问题时追根溯源。六是遵循"与时俱进"的原则，良好农业规范是一个开放的动态体系，在其应用和发展中具有不断更新知识和技能的能力。

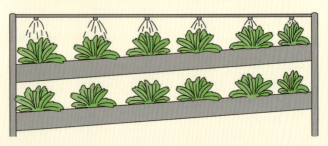

86 什么是危害分析和关键点控制体系？

危害分析和关键控制点体系（简称HACCP体系）是一个以保障农产品质量安全为基础的农产品生产、质量控制的认证体系，包括对原料、关键生产工序及影响产品安全的人为因素进行分析，确定加工过程中的关键环节，建立、完善监控程序和监控标准，采取规范的纠正措施。该体系的核心是用来保护农产品在"从农田到餐桌"的整个过程中免受可能发生的生物、化学、物理等因素的危害，尽可能把发生农产品质量安全危险的可能性消灭在过程管理中，而不是像传统的质量监督那样单纯依靠事后检验以保证农产品质量可靠性。主要包括：

（1）进行危害分析；

（2）确定关键控制点（CCPs）；

（3）建立关键限值；

（4）建立关键控制点的监控系统；

（5）建立纠偏措施，当监控表明某个特定关键控制点偏离时采用；

（6）建立验证程序，以确认HACCP体系运行的有效性；

（7）建立各项程序和记录的文件档案。

全国名特优新农产品是指在特定区域（原则上以县域为单元）内生产、具备一定生产规模和商品量、具有显著地域特征和独特营养品质特色、有稳定的供应量和消费市场、公众认知度和美誉度高并经农业农村部农产品质量安全中心登录公告和核发证书的农产品。

全国名特优新农产品名录收集登录坚持"自愿申请、自主评价、自我管理"和公益服务原则。全国名特优新农产品名录收集登录的申请随时受理，农业农村部农产品质量安全中心经确认后公布。

123

88 申请登录全国名特优新农产品名录的农产品应当符合哪些条件？

申请登录全国名特优新农产品名录的农产品，应当符合下列条件：

(1) 符合全国名特优新农产品名录收集登录的基本特征；

(2) 有稳定的生产规模和商品量；

(3) 实施全程质量控制和依托龙头骨干生产经营主体引领带动；

(4) 产地环境符合国家相关技术标准规范要求，产品符合食品安全相关标准要求，近三年来未出现过重大农产品质量安全问题。

89 如何申请登录全国名特优新农产品名录？

　　申请登录全国名特优新农产品名录需要准备的材料包括：全国名特优新农产品申请表；全国名特优新农产品营养品质评价鉴定机构出具的名特优新农产品营养品质评价鉴定报告；主要生产经营主体的营业证照、相关获奖及认证证书复印件；其他证明申请产品具有名特优新特征、特性的材料；申请产品数码照片三到五张，包括产品不同生长期、生产环境、产品包装标识等内容。

　　全国名特优新农产品名录收集登录流程如图所示。

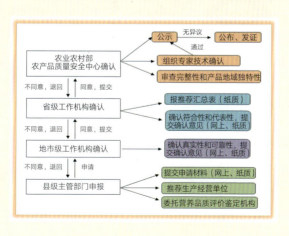

　　绿色食品是产自优良生态环境、按照绿色食品标准生产、实行全程质量控制并获得绿色食品标志使用权的安全优质食用农产品及相关产品。绿色食品标志是受《中华人民共和国商标法》保护的质量证明商标，下图为绿色食品标志。

　　该标志由三部分构成：上方的太阳、下方的叶片和中心的蓓蕾。标志图形为正圆形，意为保护、安全。整个图形描绘了一幅明媚阳光照耀下的和谐生机景象，告诉人们绿色食品是出自纯净、良好生态环境的安全、无污染食品，能给人们带来蓬勃的生命力。绿色食品标志还提醒人们要保护环境和防止污染，通过改善人与环境的关系，创造自然界新的和谐。

91 申请绿色食品标志的生产单位应当具备什么条件？

申请使用绿色食品标志的生产单位应当具备下列条件：

(1) 能够独立承担民事责任；

(2) 具有绿色食品生产的环境条件和生产技术；

(3) 具有完善的质量管理和质量保证体系；

(4) 具有与生产规模相适应的生产技术人员和质量控制人员；

(5) 具有稳定的生产基地；

(6) 申请前三年内无质量安全事故和不良诚信记录。

92 绿色食品申报流程是什么？

　　绿色食品创建了"两端有监测、过程有控制、包装有标识、证后有监管"的工作模式。申请使用绿色食品标志的生产单位，生产环境、生产过程和产品首先需要符合绿色食品标准要求，在此基础上组织材料向绿色食品工作机构提出申请，经过工作机构现场检查后，进行产地环境监测和产品质量检测。所有申报材料经中国绿色食品发展中心终审合格后颁发绿色食品证书。证书有效期三年，有效期内获证企业每年要接受绿色食品工作机构年度检查和监督管理。

　　具体流程如下图所示。

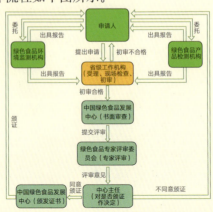

依据《绿色食品标志管理办法》，绿色食品标志使用人在证书有效期内应当履行下列义务：

（1）严格执行绿色食品标准，保持绿色食品产地环境和产品质量稳定可靠；

（2）遵守标志使用合同及相关规定，规范使用绿色食品标志；

（3）积极配合县级以上人民政府农业农村主管部门的监督检查及其所属绿色食品工作机构的跟踪检查。

绿色食品编号包括企业信息码和产品编号。

绿色食品企业信息码，是中国绿色食品发展中心赋予每个绿色食品标志使用人的唯一数字编码，续展后可继续使用。绿色食品企业信息码编号形式为：GF×××××××××××××。GF是绿色食品英文"Green Food"首字母的缩写组合，后面为十二位阿拉伯数字，其中第一至第六位为地区代码（按行政区划编制到县级），第七至第八位为获证年份，第九至第十二位为当年标志使用人序号。没有按期续展的绿色食品标志使用人，在下一次申报时将不再沿用原绿色食品企业信息码，而使用新的绿色食品企业信息码。

GF	××××××	××	××××
绿色食品英文 "Green Food"缩写	地区代码	获证年份	企业序号

绿色食品产品编号，是中国绿色食品发展中心对许可使用绿色食品标志的产品的唯一数字编码。产品编号形式为：LB–××–×××××××××××A。

LB是绿色食品标志汉语拼音"Lǜ Biao"首字母的缩写组合，后面为十三位阿拉伯数字，其中第一至第二位为产品类别代码，第三至第六位为产品获证的年份及月份，第七至第八位为地区代码（按行政区划编制到省级），第九至第十三位为产品当年获证序号，A为获证产品级别。

95 如何识别绿色食品标志？

消费者在市场上购买绿色食品时，可以从以下几个方面来识别。

一看包装。看产品包装上是否同时具备绿色食品标志图形、绿色食品中英文注册字体、绿色食品企业信息码。

二看证书。即看绿色食品标志使用证书。证书是绿色食品标志使用人合法有效使用绿色食品标志的凭证，证明标志使用申请人及其申报产品已通过绿色食品标志许可审查，符合绿色食品标志许可使用条件。证书实行"一品一证"的管理制度，即为每个通过绿色食品标志许可审查合格的产品颁发一张证书。

三看网站。可通过中国绿色食品发展中心网站（http://www.greenfood.org.cn/）查看。

四打电话。可向企业所在地的省级绿色食品工作机构打电话咨询，也可直接向中国绿色食品发展中心打电话咨询。

96 《农产品质量安全法》对农产品生产经营者冒用绿色食品标志的行为的法律责任是如何规定的？

　　农产品生产经营者冒用绿色食品标志的行为，属于冒用农产品质量标志的违法行为。根据《农产品质量安全法》的规定，农产品生产经营者冒用农产品质量标志，或者销售冒用农产品质量标志的农产品的，由县级以上地方人民政府农业农村主管部门按照职责责令改正，没收违法所得；违法生产经营的农产品货值金额不足五千元的，并处五千元以上五万元以下罚款，货值金额五千元以上的，并处货值金额十倍以上二十倍以下罚款。

　　农产品质量标志使用是对优质农产品质量进行

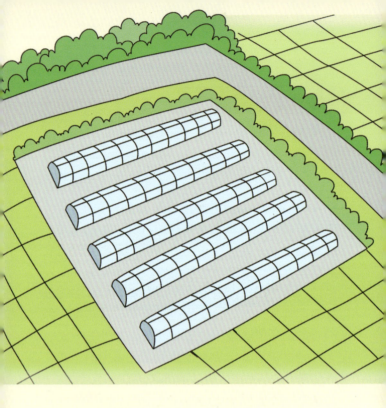

有效监督和管理的重要手段，关系到对农产品生产者、经营者及消费者合法权益的维护。需要注意的是，农产品生产经营者冒用农产品质量标志和销售冒用农产品质量标志的农产品两种行为都属于违法行为。农产品生产经营者应当严格规范农产品质量标志的使用，严格按照认证有效期、认证范围等使用标志，维护农产品质量标志公信力。

有机产品是指有机生产、有机加工的供人类消费、动物食用的产品。有机生产指遵照特定的生产原则，在生产中不采用通过基因工程获得的生物及其产物，不使用化学合成的农药、化肥、生长调节剂、饲料添加剂等物质，遵循自然规律和生态学原

理，协调种植业和养殖业的平衡，保持生产体系持续稳定的一种农业生产方式。有机加工指主要使用有机配料，加工过程中不采用通过基因工程获得的生物及其产物，尽可能减少使用化学合成的添加剂、加工助剂、染料等投入品，最大程度地保持产品的营养成分和（或）原有属性的一种加工方式。

有机产品生产者、加工者可以自愿委托认证机构进行有机产品认证，符合有机产品认证要求的，认证机构应当及时向认证委托人出具有机产品认证证书，认证证书有效期为一年。

98 如何认识地理标志农产品？

地理标志农产品，是指产自特定地域，产品品质和相关特征主要取决于自然生态环境和历史人文因素，并以地域名称冠名的特有农产品。

打造"特而优""特而美""特而强"的地理标志农产品，有利于围绕地理标志农产品的独特地域、独特生产方式、独特品质和独特历史文化，强化产品特色挖掘，提高市场辨识度和认可度。保护和发展地理标志农产品是推进农业生产和农产品"三品一标"的重要内容，是增加绿色优质农产品供给、促进农业高质量发展的重要举措。

99 如何认识品牌？

　　品牌属于无形资产，包括但不限于名称、用语、符号、形象、标识、设计或其组合，用于区分产品、服务和（或）实体，或兼而有之，能在利益相关方意识中形成独特印象和联想，从而产生经济利益（价值）。

　　农业品牌是农业农村现代化的重要标志。在我国农业品牌领域，主要包括三种品牌类型，分别是农产品区域公用品牌、产品品牌和企业品牌。农产品区域公用品牌是特色农产品的"地域名片"，即在一个具有特定自然生态环境、历史人文因素的明确生产区域内，由相关组织所有，由若干农业生产经营主体共同使用的农产品品牌。品牌名称一般由"产地名＋产品名"构成。产品品牌包括涉农主体和机构生产或提供的产品和服务品牌。企业品牌是指依法成立的农业生产经营主体所使用的品牌，农产品企业品牌不仅代表产品，也代表企业的价值观、文化与愿景。

近年来，品牌强农战略加快实施，品牌意识明显增强，品牌数量快速增长，品牌效益显著提升。2022年8月，农业农村部办公厅印发了《农业品牌精品培育计划（2022—2025年）》，提出：通过实施农业品牌精品培育计划，农业品牌建设促进机制和支持体系更加健全，优秀品牌脱颖而出，品牌溢价效应明显，农业品牌竞争力影响力带动力显著提升。塑强一批品质过硬、特色鲜明、带动力强、知名度美誉度消费忠诚度高的农产品区域公用品牌，培育推介一批产品优、信誉好、产业带动作用明显、具有核心竞争力的企业品牌和优质特色农产品品牌，不断满足人民日益增长的美好生活需要。

农业生产"三品一标"，即品种培优、品质提升、品牌打造和标准化生产。农业生产"三品一标"是引领农业绿色转型的重要措施，也是推进农业高质量发展的重要举措。

在路径上，体现在四个方面。一是推进品种培优。要推进育种创新，加快培育绿色安全、优质高效的新品种，发掘一批优异种质资源，提纯复壮一批地方特色品种，选育一批高产优质突破性品种，建设一批良种繁育基地。二是推进品质提升。推广优良品种，净化农业产地环境，推广应用绿色投入品，集成推广绿色生产技术模式，构建农产品品质核心指标体系。三是推进品牌建设。培育知名品牌，打造一批有影响力的区域公用品牌、产品品牌和企业品牌。加强品牌管理，建立农业品牌评价体系，强化农业品牌监管，促进品牌营销。四是推进标准化生产。按照"有标采标、无标创标、全程贯标"的要求，建立现代农业全产业链标准体系。通过培育新型农业经营主体带动、健全社会化服务体系推动、提升农产品加工业拉动、重点区域先行示范促动，加快推进标准化生产。